U0112083

大展好書 好書大展

運動遊戲 8

蛙泳七日通

溫仲華／著

大展出版社有限公司

編者的話

　　本書是特爲初學游泳者寫的。它的獨特之處在於：在七天之內讓你初步掌握蛙泳技術，並準確抓住學習蛙泳的關鍵和難點。當然，要想在藍色泳池中自由自在地拍水擊浪，還要靠自己日後的艱苦訓練。

　　本書的另一特點是設立了「高級教室」，能讓你在掌握蛙泳技術的基礎上「乘勝追擊」，嘗試掌握仰泳、自由泳、蝶泳技術。

　　本書可供初學者自學，又能作爲體育學校教練和學校體育教師的游泳課教案。

目 錄

練習前應記住的事宜

第一天　了解─水的特性
　　　　熟悉─水的環境

第二天　打基礎
　　　學習蛙泳的腿部蹬夾動作

第三天　抓關鍵
　　　學習蛙泳的手臂動作與呼吸的配合

高級教室一
教你學仰泳

高級教室二
教你學自由泳

高級教室三
教你學蝶泳

練習前應記住的事宜

一、你的身體適合游泳嗎

　　游泳，是男女老幼都喜愛的一項體育運動。它不僅可以鍛鍊身體，增進健康，也是一種娛樂享受，尤其是在酷暑盛夏時節，跳入水中揮舞臂膀，拍水擊浪，該是多麼清爽宜人呢。在茫茫的江河湖海中漫游，更可使人心曠神怡。

　　但是，並不是人人都能有這種享受。患有嚴重心臟病、耳鼻喉病、性病、皮膚病等傳染性疾病及精神病的人，暫時不能游泳。只有當疾病痊癒後，才能參加游泳活動。除以上情況，老弱、輕病，甚至殘疾人都能游泳，在大自然中接受日光、空氣和水的洗禮，從而促進身心健康，益壽延年。

二、準備好游泳衣和器具

　　俗話說：欲善工其事，必先利其器。因此初學游泳者，事先必須準備好下列物品：

1. 選好游泳衣

要學游泳，游泳衣（褲）是不可缺少的，因為游泳池（館）要求你必須穿著標準的游泳衣（褲）才能進入。再說，要想提高你的游泳成績，穿一件既適合你的身材，又能減小阻力的游泳衣，也是非常必要的。

目前市場上出售的女子游泳衣有三種類型：

專業游泳運動員穿用的「運動競賽」型，不帶胸罩，下端有三角形的、平角形的，近幾年又出現了下端延長至膝關節以上的。

業餘或休閒用的一般游泳衣，與運動競賽型的主要區別是帶有海綿的胸罩，以增加身體的曲線美，也有下端是裙式的，給人以魅力。

海灘休閒泳衣，一般稱之為「三點式」或「比基尼（Bikini clad）式」。這種泳衣在歐美各國較為普遍，多用於海灘休閒游泳，給人以一種回歸大自然的魅力，能讓人充分接受日光、空氣、水的洗禮。

男子的游泳褲也有兩種類型，一種是「三角式」一種是「平角式」，也稱沙灘游泳褲。

無論游泳衣（褲）採用哪一種類型，目前市場上流行的大多是採用錦綸（尼龍）、丙綸，或綿綸、丙綸合成材料製作的。

在購買時要根據自己的體型和習慣來選擇。不要太肥，那樣容易兜水，太瘦了也妨礙活動。現在市場上一般有小號、中號、大號、加肥、加大等幾個規格。世界著名的品牌有阿瑞納、斯皮杜等，大多為專業游泳運動員採用。

2. 買一副不漏水的游泳眼鏡

游泳眼鏡可以防止眼病。由於在水中活動經常摩擦身體各部，水中細菌極易侵入眼內，特別是自然水域中水質混濁，極易感染眼病，戴上游泳眼鏡可以防止病菌侵入眼內，同時還可以在水中練習睜眼，觀察動作。

現在市場上出售的游泳眼鏡有兩種類型：一種是一般人使用的，一種是眼睛近視的人使用的。大多採用有機玻璃材料製作。在選用時要特別注意鏡框四周的軟墊「防水」性能是否很好，以不漏水為佳。一般鼻架、鏡帶可以調整。

3. 游泳帽

游泳池和游泳館都要求必須戴游泳帽游泳，主要是為了防止頭髮脫落影響池水的清潔和過濾。此外女性更可防止頭髮散亂影響視線。

游泳帽有布製、綿綸或丙綸製作的，也有橡膠製作

的。專業運動員多採用橡膠製品，一般人可選用布製或綿綸製品，價格比較便宜。

游泳帽在比賽中還可減少阻力，所以很多男運動員也經常採用。

4.耳　塞

游泳中，水流入耳朵裡是不可避免的，但有人不習慣，特別是耳中有耳垢的人，進水後耳垢膨脹起來，把耳道堵塞，影響聽覺，甚至疼痛難受，不願再下水游泳。為了防止水進入耳中和由此引起耳病，可準備一副耳塞（橡膠製品），下水前放入外耳道內，游完後取出晾乾，灑些滑石粉，放在乾燥處，以備下次再用。

放耳塞時，要用特製的小棒，慢慢推入。採用它的目的是減少入水時水對耳朵的壓力。

5.鼻　夾

採用不鏽鋼絲製作。游泳時，水往鼻子裡灌也是很自然的，有人不習慣用嘴呼吸，用鼻子一吸氣就嗆水、咳嗽、頭發懵，甚至流眼淚、打噴嚏，特別是初學者還不能控制用嘴吸氣，很容易嗆水。

為了防止水流入鼻腔內，可以準備一個鼻夾，它可以幫助你度過這一難關，待習慣用嘴呼吸後再把它取

下。通常花樣游泳運動員多採用它。

6. 毛巾和拖鞋

毛巾或浴巾、拖鞋也是必備的，游完上岸後及時把身上的水擦乾，防止風吹感冒，特別是在冬泳時更需要用乾毛巾摩擦身體，防止體溫擴散並保暖，如能有一件浴衣更好。

拖鞋在沐浴更衣時或在自然水域游泳時使用，岸邊雜草叢生淨是泥土，穿拖鞋可防止腳受傷。

7. 眼藥水和簡易藥品

每次游完泳後，最好用眼藥水點點眼睛，防止眼病，特別是在自然水域中游泳後，更應點一點眼藥水。如果發現鼻孔發悶時，可以點點鼻通藥水。耳道進水可以用棉花擦拭外耳道。

8. 浮　體

初學者最好能自備浮體，這樣可以根據掌握游泳技術的程度加以調整。如打水板、救生圈、塑料板塊等。一般採用可調整的泡沫塑料塊較方便，打水板適合提高使用。通常情況下最好不採用救生圈，因為它既影響學習游泳動作，也易養成依賴性，不能儘快獨立游泳。

以上游泳設備中，初學者必須準備的是游泳衣（褲）、游泳眼鏡和游泳帽，其他的可根據個人條件和需要選用。

第一天　了解—水的特性
熟悉—水的環境

一點兒不會游泳的人，看到水就發憂，一怕水冷，二怕喝水、三怕水不留情。有的人甚至還沒下水，就嚇得哆嗦起來。其實，學游泳有個規律，摸到了規律，就很容易學會了。

還記得你是怎樣學會走路的嗎?當你掌握了身體的重心，學會了控制身體平衡，並形成自動化後，走起路來就不東晃西晃了。同樣，學游泳時掌握了自己身體在水中漂浮和平衡的能力，利用水的特性，也就很快會使你如魚得水了。

開始練習游泳時，不要立即練習某種姿勢或某一動作，要先熟悉水的環境，了解水的特點，這是初學游泳人的必經之路。

其目的主要是讓初學者體會和了解水的阻力、壓力、浮力和水的黏滯性、流動性及難以壓縮性；以及人體在水中維持平衡的規律等等，進而消除怕水心理，學習和掌握在游泳中最基本的呼吸、俯臥、漂浮、滑行及站立等動作，為以後學習各種游泳姿勢打下基礎。

做熟悉水性的練習，應儘可能選擇在齊腰深的水裡進行，重點抓好呼吸和滑行動作的練習。在進行浮體和滑行練習的同時，應同還原站立一起練習，防止由浮體或滑行轉為站立姿勢時，身體失去平衡而嗆水。

第一次下水是最重要的，應該採取集興趣、歡樂、戲水於一體的形式，最好是2～3人結伴去練習；兒童最好由家長帶領，這樣可以相互促進，互相保護，會取得事半功倍的效果。

一、水中行走練習

當你想試著走動邁步時，會感到腿不聽自己支配了，邁步很費勁，水愈深就愈感到邁不開步，這就是水的「阻力」（圖1）。

圖1

水逐漸加深時，由於身體和水的接觸面積加大了，當你在前進時，身體和水形成的截面積加大了，阻力也就隨之增加。當你邁步的速度加快時，阻力則會以與速度的加快成平方的比例增加，如由 1：1 變成 2：4，4：16……（圖 2）。

圖 2　速度加快阻力加大

練習目的：

　　體會水的阻力，消除怕水心理。

練習要求：

　　在齊腰深的水裡，做各種方向的行走或跑的動作練習；可用兩手撥水維持身體平衡或加快走、跑的速度。

練習重點：

消除怕水心理。

練習難點：

行走時的身體平衡。

練習方法：

1.扶池邊向前、向後、向左、向右行走。

2.用兩手保持平衡，向前、向後、向左、向右行走（圖3）。

3.兩人手拉手向前、向後、向左右兩側走動（圖4）。

4.各種方向的跑動（圖5）。

5.向上、向前、向後、向側的跳躍（圖6）。

圖3

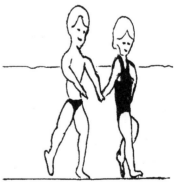

圖4

圖5　　　　　　　　　圖6

　　初學者做以上練習動作時，常見的情況是不敢下水，或者下水後腿不敢向前移動，或在走動時掌握不好身體平衡摔倒。

　　因此，初學游泳的人首先要消除怕水的心理，在練習中，開始時速度可慢些，當身體站穩後再邁步；身體向前走動時，腿向後蹬和向前抬腿都要用力；上體可稍前傾，重心落在兩腳之間，兩手在身體兩旁維持平衡。

二、呼吸練習

　　當你進入齊胸的水中時，會感到胸廓發悶、發憋，甚至喘不過氣來，呼吸加速、加深，心跳加快，甚至有點心發慌，手足不知所措。這是水的「壓力」給你的問

候。但是,你必須習慣於在水中呼吸,適應水的壓力對你的影響。

練習目的:

體會水的壓力,消除怕水心理,掌握水中呼吸的方法。

練習要求:

吸氣時一定要用口,呼氣時一定要在水中用鼻或口鼻一齊呼氣。

具體要求:

吸氣－閉氣－呼氣。動作要有節奏,連續做 20～30 次。少年兒童可以根據年齡大小減少次數。

練習重點:

呼氣動作,因為氣呼不出也就吸不進。

練習難點:

用口吸氣的動作。因為人習慣於用鼻子吸氣,要改變這一習慣是不容易的,所以一定要重視用口吸氣動作的練習。

練習方法:

1.扶池邊或在同伴幫助下,用口吸氣後閉氣,然後慢慢下蹲,把頭全部浸入水中,停留片刻後起立,在水面上換氣(圖 7)。

2.同上練習。要求把頭浸入水中停留片刻後,在水

中用鼻子慢慢地呼氣，一直到呼完，然後起立在水面上
用口吸氣（圖8）。

圖7

圖8

3.同上練習。要求吸氣後把頭浸入水中，稍閉氣後立即用口鼻同時呼氣，在口接近水面時用力把氣吐完，並立即用口在水面上吸氣，吸氣結束後立即把頭再次浸入水中。連續做到有節奏地吸氣——閉氣——呼氣這一完整的練習動作。

4.兩腳原地開立，按以上練習，要求獨立完成連續吸氣——閉氣——呼氣的動作10～20次。少年兒童可以根據年齡適當減少次數，也可在淺池中跪姿練習在水下吐泡泡（圖9）。

圖9

以上呼吸的練習也可以在家中利用臉盆做。但一定要把頭浸入水中或將臉全部浸入水中，按上述方法進行，也可取得相同的效果。

三、浮體和站立練習

　　當你在水中邁步向前移動時，會感到身體不由自主地左右晃動，水愈深愈站不穩，甚至前撲後跌，失去控制自身的能力。這是由於水的「浮力」的影響，使你在水中變得體重輕多了。

　　也有人稱此現象為「升力」，在一定的情況下，使你完全失去控制而漂浮起來。

　　但每個人的漂浮能力是不一樣的，這要根據每個人的身體形態結構──身高、體重、肌肉的多少、脂肪的多少來決定每個人的浮力。

　　但是，有一條對每個人都是一樣的，即「物體在液體中所受到的浮力，等於該物體所排開的同體積的液體的重量」。這就是阿基米得定律。

　　物體在水中的浮或沉，要取決於物體比重的大小。比重大於水則沉，相反則浮。要是物體的重量等於它所排開的水的重量，那麼，該物體就會浮在水中，位置不變。

　　人體的比重接近於「1」，也就是說人體和水的比重大致相同，因為4℃的純水的比重為「1」。所以人體有可能在水中漂浮起來。但是，不同的人體有不同的

比重，男、女、老、幼都不一樣，即使是一個人，在人生的不同時期也會有不同的比重。

通常，身體的比重取決於：肺通氣量的大小、骨骼的比重、肌肉的比重、脂肪的多少、內臟器官的比重及其他。因此，知道了這一原理就可以幫助我們借助於水的浮力學會游泳。

但是，有時隨著水的深度加深，使你在長時間漂浮後會逐漸沉於水底，或者當你還不了解水的特性時，即刻會沉於水底，這是由於在你沒有掌握身體在水中平衡的方法時，身體的重力會把你墜入水底。而浮體與站立練習就是幫助你體會如何漂浮和還原站立姿勢。

練習目的：

消除怕水心理，體會水的浮力，了解人在水中是可以漂浮起來的，學會浮體後站立起來的本領。

練習要求：

練習時要盡量深吸氣，在水中閉氣的時間應盡可能長。還原站立時，要注意雙腳沒有站穩不要急忙抬頭吸氣，避免嗆水。

練習重點：

深吸氣和站立動作。

練習難點：

閉氣浮體動作。

練習方法：

　　1.抱膝浮體練習：原地站立，深吸氣後，下蹲低頭雙手抱膝，雙膝盡量靠近胸部，前腳掌蹬離池底，成低頭抱膝團身姿勢，使身體漂浮於水中（圖10）。

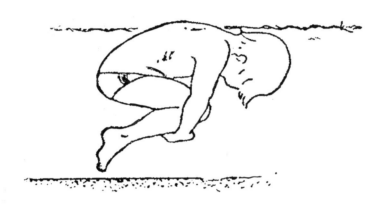

圖10

　　2.由抱膝浮體還原站立練習：站立時，兩臂前伸同時向下壓水並抬頭，與此同時兩腿伸直，繼而收腹、收腿，身體重心向後移雙腳觸池底站穩，上體直立起。兩臂自然放於體側加強平衡（圖11）。

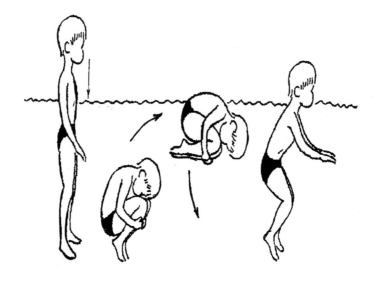

圖11

3.展體浮體漂浮練習：兩腳開立，兩臂放鬆向前伸出，深吸氣後身體前倒並低頭，兩腳輕輕蹬離池底，成俯臥姿勢漂浮於水中，兩臂、兩腿自然伸直，有如大字形或水母狀（圖12）。還原站立姿勢時，收腹、收腿，兩臂同時向下壓水並抬頭，當兩腳觸及池底時，上體重心後移，身體露出水面，站穩後兩臂自然放於體側維持平衡（圖11）。

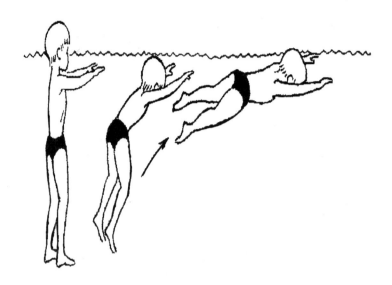

圖 12

四、滑行練習

當你能夠在水中漂浮時，會感覺到身體在水中移動，這是由於水的流動性和不可壓縮性，使你不能靜止在一個地點停留。要充分利用漂浮時最好的身體姿勢和借助於水的流動性和阻力作用，使身體向前滑行。

練習目的：

體會身體在水中的平衡和漂浮滑行時的身體姿勢。

練習要求：

　漂浮滑行時，兩臂兩腿要併攏伸直，頭夾於兩臂之間，使身體成流線型。

練習重點：

　使身體成流線型的姿勢。

練習難點：

　保持身體平衡。

練習方法：

　1.蹬池底滑行練習：兩腳前後開立，兩臂前平舉，深吸氣後上體前倒並屈膝，當頭和肩浸入水中時，前腳掌用力蹬池底，隨後兩腿併攏，兩臂併攏伸直，頭夾於兩臂之間，使身體成流線型向前滑行（圖13）。

圖13

2.**蹬邊滑行練習**：背向池壁，一手拉住水槽，一臂前伸，同時一腳站立，一腳貼於池壁上，使肩部沒於水中。深吸氣後低頭沒入水中，貼池壁腿大小腿盡量收緊，臀部靠近池壁，站立腿迅速提起與另一腿雙腳掌貼住池壁，與此同時，拉水槽一臂向前伸出與前伸臂併攏，頭夾於兩臂之間，此時兩腳用力蹬離池壁，使身體俯臥成流線型向前滑行（圖14）。

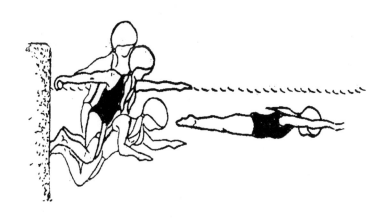

圖14

第一天練習注意事項：

　　1.不要急於求成：在做每一個練習時，都要邊做邊體會，邊總結，邊改進。

　　2.在第一次下水時，一定要了解游泳池或自然水域

的深度，以及自然水域水下有無障礙物，結合個人的身高選擇適當的深度。

3.在入水前必須做準備活動，特別是各關節的活動。

4.如果第一次下水是從游泳池扶梯進入水中，最好的方法是，面對階梯，雙手扶把手，慢慢下梯。如果游泳池有臺階或自然水域有斜坡時，可由臺階一級一級或沿斜坡小心地走入水中。

5.如果游泳池中無臺階也無扶梯時，可採取在池邊轉身下水的方法：坐在池邊，雙手平放在地面上，向左（右）轉身從身體左（右）側滑入水中，以便面對池壁，雙手仍可扶住岸邊或抓住水槽（圖15）。

圖15

6.安全出水與入水同樣重要，上述入水練習也適合出水。

7.對膽小的人來說，熟悉水性的練習需要多次反覆進行，甚至在每一次下水時都要重複做多次。

8.少年兒童初次下水時還要注意水溫，不宜停留時間過長。如發現顫抖、嘴唇發紫或起雞皮疙瘩時，應上岸休息保暖，恢復後再下水。

9.如結伴一起練習，不要在水中打鬧或強迫對方做某一動作，更不要長時間把對方的頭按壓在水中閉氣。

10.只有在做好熟悉水性的練習後，再開始學習某種游泳技術，才能取得較快的進步和較好的效果。

第二天　打基礎
學習蛙泳的腿部蹬夾動作

蛙泳，在爬泳（自由泳）、仰泳、蛙泳、蝶泳（海豚泳）四種游泳技術中是最容易掌握的，蛙泳的實用價值在四種姿勢中也是最高的，因此，無論男女老幼都喜歡學習蛙泳。

在蛙泳技術中，腿的蹬夾技術動作是基礎，它是推動人體前進的主要動力之一，並使身體上浮，有助於滑行。因此，掌握了蛙泳的蹬腿動作，就等於學會了一半蛙泳。請仔細分析蛙泳腿的技術動作示意圖（圖16）。

練習目的：

掌握蛙泳腿的技術動作，為學習蛙泳的完整技術打下基礎。

練習要求：

收腿正確、翻腳充分，蹬夾連貫，滑行放鬆。在動作節奏上，強調收腿時要慢而放鬆，蹬夾腿時要快而有力。

練習重點：

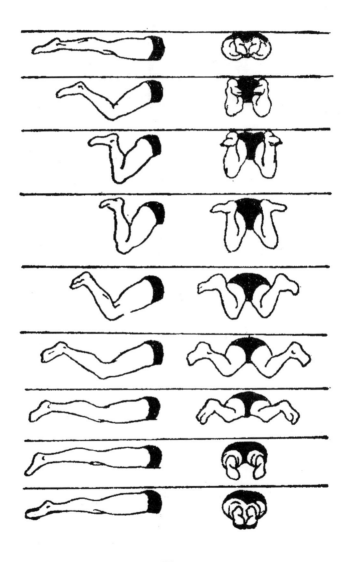

圖16

翻腳和蹬夾水的路線。

練習難點：

翻腳動作。

學習蛙泳腿的蹬夾技術要做陸上模仿練習和水中練習。

一、陸上模仿練習

陸上模仿蛙泳腿的收、翻、蹬夾、滑行（停）的蹬腿路線對水中練習很重要，可獲得事半功倍的作用。

1.坐在岸上或池邊，上體稍向後仰，兩手後撐，兩腿伸直，按收、翻、蹬夾、停的動作體會腿的蹬夾路線和腳外翻動作，開始時可按口令分解做，繼而連貫起來做（圖17）。

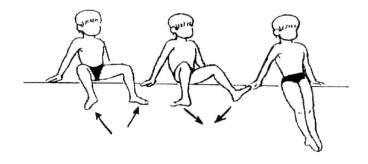

圖 17

2.俯臥凳上或俯臥沙灘斜坡上做蛙泳腿的收、翻、蹬夾、停動作。重點要求體會腳外翻動作，可由同伴幫助體會、掌握翻腳、收腿角度、動作路線和節奏（圖18）。

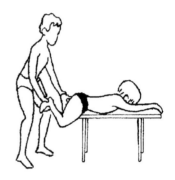

圖18

二、水中練習

1.雙手扶池邊或雙手支撐沙灘斜坡上做腿的動作。要求俯臥的姿勢高些，這樣容易做收腿、翻腳和蹬夾水動作。重點體會翻腳和弧形蹬夾腿的技術（圖19）。

少年兒童做此練習時，還可以俯臥在與水面平行的池邊上，兩臂前伸，兩腿上舉收至腳踵靠近臀部，然後，兩腿經上方向後直落水中體會收腿動作（圖20）。

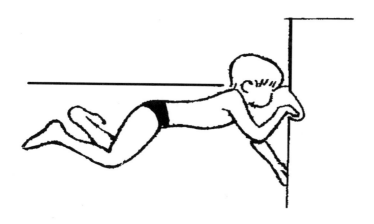

圖 19

圖 20

2.蹬池底或蹬池邊滑行，做蛙泳腿的蹬夾動作。要求收腿時邊收邊分，注意放鬆，收腿後翻腳要及時，蹬腿時要適當用力，蹬夾動作要連貫。

3.由同伴在水中牽引滑行做腿的動作，這樣練習可以在同伴的提醒下做腿的收、翻、蹬夾、停的動作，並及時改正（圖21）。

圖 21

4.扶板做腿的動作練習，可以重複一定的距離，如4×25公尺、4×50～100公尺……也可以採用長距離蹬腿，在練習中加深對翻腳和蹬夾腿動作的體會，在較長距離中改進動作。

5.少年兒童可以攜帶浮體做腿的動作，但要注意繫好或握緊浮體（圖 22）。

圖 22

總之，在練習蛙泳腿的蹬夾技術中應做到：邊收邊分慢收腿、翻腳向外對準水、弧形向後蹬夾水、雙腿併攏漂一會兒。在練習中要反覆體會。

第三天　抓關鍵
學習蛙泳的手臂動作與呼吸的配合

　　蛙泳的手臂動作和臂與呼吸的配合比自由泳、蝶泳容易，但對不會游泳的人來說，則是一大難關，必須在不斷的練習中突破這一關。

練習目的：

　　學習蛙泳手臂動作和手臂與呼吸配合技術，為學習蛙泳完整配合技術打下基礎。

練習要求：

　　採用小划臂動作，開始練習時著重體會雙臂的划水動作路線，不要太用力。

　　注意兩臂收手前伸時的併攏及滑行動作，防止邊伸邊划。

　　兩臂划水動作是和呼吸動作緊密聯繫在一起的，練習時注意呼吸，即兩手臂划水結束雙手至胸前時，抬頭吸氣（圖23）。

練習重點：

　　體會臂與呼吸配合的動作和臂划水的路線。

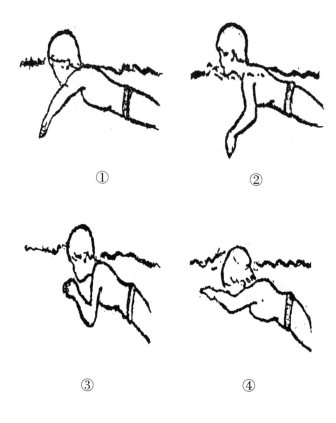

① 抓水（滑下）

② 拉水（划水）

③ 收手

④ 前伸（向前移臂）低頭吸氣

〉划水結束時吸氣

圖 23　兩臂划水與呼吸的配合

練習難點：

呼吸動作。

一、陸上模仿練習

兩腳開立，上體前傾，兩臂前伸併攏，掌心向下，做以下幾個動作。

1.兩手同時向側後下方划水。

2.屈臂收手至頦下，兩手掌心斜相對。

3.兩手向前伸直兩臂併攏，掌心向下，在頭前方稍停（圖24①②③④）。

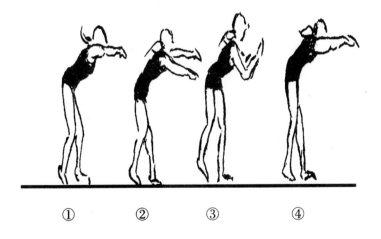

①　　　　　②　　　　　③　　　　　④

圖24

做這個練習可以分解做，繼而連貫起來做。練習幾次後，可以結合抬頭動作，即圖中①時抬頭吸氣，圖中②時低頭閉氣，圖中②③時呼氣。體會臂與呼吸動作的配合。

但是，對少年兒童和中老年人來說，可以採取下列方法練習：

1.當兩臂雙手分開下划時，即抬頭用力呼氣和吸氣，時間很短。

2.兩臂在頷下和伸向前方時始終閉氣，開始第二項划水時再用力呼吸，呼氣、吸氣，全部用口。

二、水中練習

1.兩腳開立站在齊胸的水裡，上體前傾。兩臂按陸上練習要求做臂划水動作，划水時不要用力，體會划水路線和收手、臂前伸在水中的水感（同圖24）。

2.同練習1，結合呼吸動作練習。開始時上體前傾，兩臂前伸，頭夾於兩臂之間，頭、肩沒入水中，兩手分開划水時即抬頭吸氣；收手時低頭閉氣；臂前伸時呼氣（圖25）。

對少年兒童和中老年人來說，可以在兩臂開始分離時即抬頭用力呼氣、吸氣；兩臂划水和收手及向前伸臂

圖 25

時閉氣。第二次兩臂開始分開時做第二次呼吸。

3.在水中走動練習臂划水動作和臂與呼吸的配合動作。

做此練習時兩臂可以適當用力，並借助划水時的反作用力使身體向前移步，注意體會前臂和手掌的對水動作（同圖 24）。

4.由同伴抱住雙腿，練習者成俯臥水面姿勢，兩臂前伸，低頭沒入水中做臂划水與呼吸動作配合的練習（圖 26）。

少年兒童做此練習時不要開玩笑，要隨時注意練習者的呼吸情況，遇有喝水或吸不到氣、憋氣的情況應及時停止，稍休息後再做。

圖 26

　　總之，蛙泳中的呼吸動作是很關鍵的，對初學者是個關口，但它比自由泳、蝶泳的呼吸容易學，一旦掌握後，對學習蛙泳完整的配合動作有很大益處。

第四天 攻難點
蛙泳的完整配合技術

　　在學會蛙泳腿的蹬夾技術，臂划水和呼吸配合技術的基礎上，應進一步學習臂腿動作的配合技術和完整的蛙泳技術（圖27）。

①

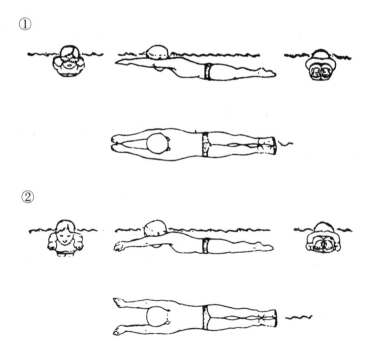

②

③

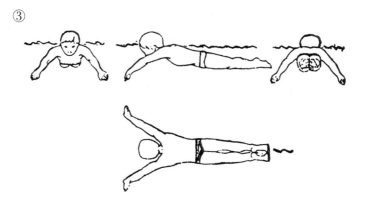

④

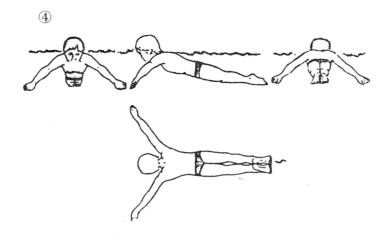

⑤

⑥

⑦

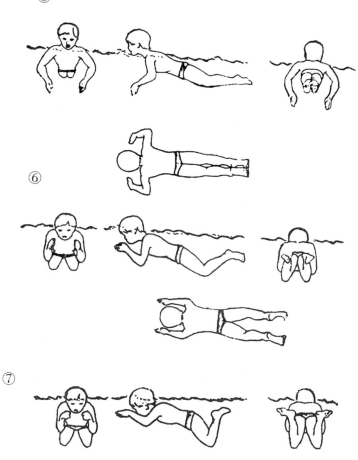

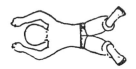

⑧

⑨

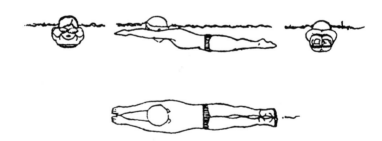

圖 27　蛙泳完整配合技術示意圖

練習目的：

　　學會蛙泳 1：1：1 的完整配合技術，即一次划臂、一次蹬夾腿、一次呼吸的配合技術，並能游一定距離。

練習要求：

　　首先要明確，在蛙泳技術中，臂腿配合動作在任何情況下都是臂先腿後，腿的蹬夾動作始終是落後於臂的划水動作。

　　其次，練習中應先掌握臂腿配合技術，再練習蛙泳的完整配合技術。

　　對不會游泳的人，要求早吸氣（要用力吐氣、吸氣），注意蹬夾腿後要有全身伸直滑行的動作。

練習重點：

　　注意臂、腿配合的時間（划臂腿不動，收手再收腿，伸直雙臂再蹬腿，臂腿伸直漂一會兒）。

練習難點

　　注意呼吸動作的配合時機。初學蛙泳的人呼吸時可以「划水抬頭猛吐吸，收手低頭閉住氣」即可。

　　一旦掌握了呼吸動作後，應該加以改進提高，呼吸動作應該是「划水抬頭猛吸氣，收手低頭閉住氣，雙臂前伸吐完氣，划水抬頭再吸氣」。

一、陸上模仿練習

1.原地站立，兩臂上舉併攏伸直，頭位於兩臂之間，雙眼前平視，做下面動作：

● 兩臂向兩側分開模仿划水動作（圖28①）。

● 兩手和小臂收向胸前，同時單腿站立，另一腿做收腿和翻腳動作（圖28②）。

● 兩臂同時上舉，收起的一腿向下做弧形蹬夾動作（圖28③）。

● 還原成預備姿勢（圖28④）。

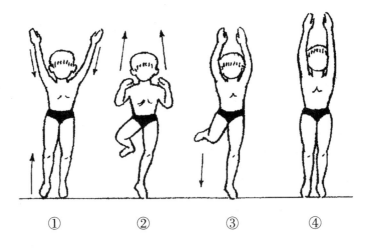

①　　　　②　　　　③　　　　④

圖28

2.同練習1，加抬頭模仿呼吸動作，即當兩臂向兩側分開划水時，同時抬頭做呼吸動作。

二、水中練習

1.滑行漂浮做臂腿分解動作配合練習：滑行後，先划一次臂→閉氣滑行→蹬夾腿2～3次，使身體借蹬夾動作處於較高的臥姿，便於做划臂動作。

2.同上一練習，只是先划一次臂→閉氣滑行→蹬夾一次腿→滑行→再划一次臂……。

3.在練習2的基礎上過渡到當收手的後部時，同時收腿，臂將伸直時蹬夾腿，隨後稍滑行。開始練習時要閉氣進行，隨時注意每一動作的銜接，注意滑行動作。

4.在練習3的基礎上，加上抬頭呼吸動作。開始時可以划1次臂、蹬夾2次腿、呼吸1次。隨後過渡到1次划臂、1次蹬夾腿、1次呼吸，即1：1：1的蛙泳完整配合技術。

5.少年兒童和中老年人練習蛙泳完整配合技術時，可以採用小划臂，頭始終保持在水面上，隨著臂划水和腿蹬夾動作採取自然呼吸配合，一旦熟練後也應按上述的配合技術練習。

6.少年兒童也可採用腰繫浮體的方法，練習蛙泳完

整配合技術。

　　7.逐漸加長游泳距離，在游進中改進技術動作。注意：雙臂划水不要超過肩延線、蹬夾腿後的全身放鬆滑行、呼吸動作的節奏性。距離可由 25 公尺逐漸增加至 50 公尺、100 公尺……。

第五天 改進─蛙泳的腿部蹬夾動作
手臂動作與呼吸配合
提高─蛙泳的完整配合技術

　　初學游泳的人，經過打基礎、抓關鍵、攻難點等一系列練習後，已初步學會了不規則的或不正規的蛙泳。但是，要想游得遠，游得快和游得省力，輕鬆自然，還必須反覆練習各部分動作，消除和改正不合理的多餘動作和錯誤動作。

練習目的：

　　改善腿部蹬夾水技術和手臂動作與呼吸的配合，提高蛙泳的完整配合技術。

練習要求：

　　收腿時大腿帶動小腿，邊收邊分，小腿藏在大腿後。

　　雙腳必須外翻後才能蹬夾水。

　　蹬夾腿後，雙腿必須併攏伸直滑行一段距離。

　　注意呼吸的原則和時機。

練習重點：

　　向外翻腳。吸氣動作。

練習難點：

雙腿蹬夾水後的閉氣滑行。在完整配合技術中呼吸動作的正確性。

一、陸上模仿練習

1. 收腿翻腳練習。原地站立，雙臂下垂，做下面動作：

● 一腿站立、一腿向上收大腿與上體成 90°角，小腿放鬆隨大腿上提，體會大腿帶動小腿和小腿藏在大腿後的動作。

● 大腿向外展開仍保持 90°角，膝關節向外移，小腿向內併翻腳。

● 大腿向內壓，同時小腿向上提，擺動翻腳。

● 大腿迅速下壓，小腿和腳也迅速內收，還原成兩腿站立姿勢。

2. 壓腿、壓踝關節練習，改進翻腳和提高踝關節的柔韌性和靈活性。做法如下：

身體成跪坐姿勢，兩大腿稍分開，兩膝關節相對，兩小腿向兩側分開，雙腳內側著墊，使臀部坐於兩腳上，上體可上下起落，加重兩踝關節的承受力，或者坐於雙腳上計時練習。

此練習對中老年人不宜採用，對少年兒童較適合，但也應根據孩子的關節靈活性和身體柔韌性適當採用。

二、水中練習

　　1.扶板蹬腿練習：雙手持板做蹬腿練習。要求邊做邊注意雙腿同時回收、同時翻腳保持在一個平面上和滑行動作是否完成。距離可由短到長，重複多次。

　　2.腰背繫浮體臂前伸做蹬腿練習。要求同前面的練習。可做蹬 2～3 次腿後抬頭呼吸 1 次的練習。

　　3.雙臂前伸做蹬腿練習。雙臂前伸、低頭閉氣做蹬腿動作，要求用兩眼看大腿回收、翻腳的動作是否正確，有無滑行動作，每蹬 3～4 次腿後可抬頭呼吸 1 次。

　　4.長距離游蛙泳，距離逐漸增加，但要求在游進中邊游、邊想、邊體會，如發現在某一次配合中感覺特別協調、輕鬆、有力時，應立即停下來，回想一下這次配合為什麼會輕鬆、有力、協調。再按此配合動作重複做幾次，加深對完整配合動作的體會，逐漸改進提高。

　　5.用雙腳勾住池槽或水線，身體俯臥，只做划臂與呼吸配合的動作，要求呼吸要深、要慢。呼吸一次後稍閉氣，要求在水中呼氣。

6.採用浮體使身體漂浮,只做划臂與呼吸動作的配合,要求抬頭不要太猛,要隨著划臂動作密切配合。

7.規定划臂次數(1次或2次)做呼吸動作,要求動作清楚有效。同時可配合蹬腿動作保持臥水姿勢。

8.逐漸加長游泳距離,要求注意完整配合中臂與呼吸動作的協調性,提高呼吸動作,在長游中進一步掌握呼吸技術的正確時機。

中國有句俗話:「俗速則不達。」一件完美的藝術品必須經過千錘百鍊,才能達到爐火純青的境界。

游泳也是一樣,要想使蛙泳技術的配合協調、輕鬆、 自然,取得在水中的自由,也必須反覆練習,去掉每一個不必要的多餘動作和改正錯誤動作,使正確動作達到自動化。

第六天
掌握蛙泳比賽的出發和轉身技術

初步掌握了蛙泳的基本技術之後，我們還應學習和掌握出發和轉身技術，否則無法參加游泳比賽。

練習目的：

學習蛙泳比賽的出發技術和轉身技術，掌握比賽知識。

練習要求：

按規則要求體會正確的蛙泳技術。

練習重點：

結合競賽規則，提高蛙泳技術動作。

練習難點：

按規則要求完成 25～50 公尺的蛙泳正確動作配合和臺上出發技術。

練習方法：

根據蛙泳競賽規則的要求，做蛙泳途中游和出發、轉身後的長划臂技術的練習，有助於理解規則內容，並掌握正確的動作。

一、陸上模仿練習

1.原地起跳模仿出發練習（圖29）。

2.面對牆做蛙泳轉身模仿動作（圖30）。

圖29

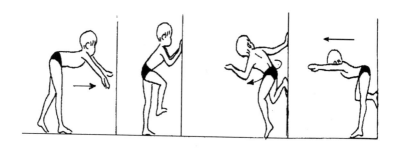

圖30

3.走動做蛙泳轉身模仿動作（同圖30）。

4.原地模仿長划臂蛙泳動作（圖31）。

圖31

二、水中練習

1.學習一般臺上出發技術

● 坐在池邊頭先入水跳水：在齊胸的水中做此練習。練習時，要求雙臂夾住頭，上臂貼近耳際，手臂伸直，然後低頭直體向前傾、移重心、雙腳用力蹬池邊向下跳入水中（圖32）。

● 半蹲立池邊頭先入水跳水：在齊胸的水中做此練習。兩腿前後或雙腿併立成半蹲姿勢，上體前倒、移重心、低頭眼看前方、雙臂伸直跳入水中（圖33）。

圖 32

圖 33

● 直立池邊頭先入水跳水：雙腳站於池邊，兩臂伸
直上舉，上體前倒、移重心，身體失去重心前兩腿稍屈
膝用力蹬池邊，眼看前方 5～6 公尺處，保持上體與臂
伸展，跳入水中，雙腿不要放鬆（圖 34）。

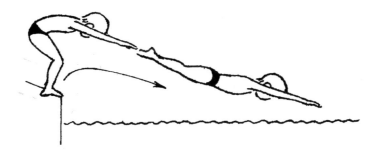

圖 34

2. 臺上出發跳水

在深水區做此練習。臺上出發技術都是由準備、起跳、騰空、入水、滑行和出水動作組成。

● 擺臂式出發的準備動作——當聽到發令員發出「各就位」口令時，兩腳分立與髖同寬，腳掌平行，腳趾扣住出發臺前緣，上體前傾，兩膝微屈成165°～170°角，兩臂自然下垂或向後提起，微抬頭，兩眼看前方5～7公尺處，精神集中，準備出發（圖35②）。

● 擺臂式出發的起跳動作——聽到槍聲響後，兩臂先向後擺動，重心前移，接著兩臂向下、向前擺動，膝關節和髖關節逐漸屈成90°角，身體繼續向前移動並伸展，開始抬頭吸氣，兩臂擺至與身體構成150°～160°角時，停止抬頭，使頭與臂的動量轉移到身上，增大向前

① ⑥ ⑪

② ⑦ ⑫

③ ⑧ ⑬

④ ⑨ ⑭

⑤ ⑩ ⑮

⑯

圖 35

的動量，大腿用力蹬離出發臺，蹬離角度以 25°～30°為宜（圖 35⑤～⑩）。

● 騰空和入水——兩腳蹬離出發臺後，身體進入騰空階段，沿著拋物線向前、向上、向下運動。身體在空中的姿勢有兩種，一種是身體平直，一種是空中有屈體動作。擺動式出發多採用兩臂伸直併攏，臂、軀幹也同時伸直，上體沿拋物線向下運動時，兩腿繼續向上，頭逐漸低平，夾於兩臂之間，控制好入水角度。入水時，身體保持一定的緊張狀態，呈流線型入水，以減少阻力。入水角度控制在 15°～20°之間，不同的人、不同的項目，其入水角度各異（圖 35⑪⑫⑬），如採用「洞式入水」（也稱「一點入水」）入水角度較大，大約在 30°～40°之間。

● 滑行和出水——入水後，身體繼續保持適度緊張和流線型狀態，利用起跳時所獲得的向前衝力，在水中向前滑行。根據入水的深淺和姿勢的需要，雙手適時地伸腕，使滑行方向接近水面。在滑行速度降低到接近游泳速度時，即開始轉入游泳動作（圖 35⑭⑮⑯）。

蛙泳由於規則規定，出發後只允許在水下做一次划水，一次腿的蹬夾動作，因此，蛙泳入水較深，當滑行速度降低到接近游進速度時，兩臂做一次長划臂動作，繼而滑行向前，當速度再次接近游進動作時，臂前伸，

繼而蹬腿，使頭部露出水面，進入途中游。

3. 水中糾正雙臂與肩不平行動作

● 利用浮體划水要求身體保持平臥，雙臂同時划水，防止身體側斜造成雙肩不平行。

● 俯臥水線上兩臂前伸，兩肩越過水線（圖 36），做對稱划水練習。

圖 36

4. 蛙泳水下長划臂練習

● 蹬邊滑行後做長划臂練習。

● 由池邊跳入水中後做長划臂蛙泳。

● 由出發臺跳入水中後，做長划臂蛙泳練習，並結合出水和途中游 5～10 公尺。

5.水中練習蛙泳轉身技術

●面對池壁站立，要求雙手對稱貼於池壁上，然後向左或向右轉身，同時頭部隨之側轉。此時以同側腿支撐為軸，異側腿提起踏住池壁，當身體轉至面對水道時，異側腿用力蹬池壁，身體隨之向前衝出成俯臥沒入水中（同圖 30，但在水中做）。

●距池壁 2～3 公尺划水走動至池壁，雙手同時觸壁後，做上述練習（同圖 30 在水中做）。

●距池壁 10～15 公尺開始游蛙泳至池壁，雙手同時觸壁後，收腿、轉頭轉體、雙手推池壁、雙腿蹬離池壁、雙臂向前伸直展體向前滑行（圖 37）。

●由 25 公尺處向池壁游蛙泳做轉身練習（同圖 37）。

●由出發臺出發入水後，做 1 次長划臂蛙泳後，破水游 50 公尺，注意動作對稱，雙手觸池壁後做轉身動作，繼而再做 1 次長划臂蛙泳動作後出水放鬆。

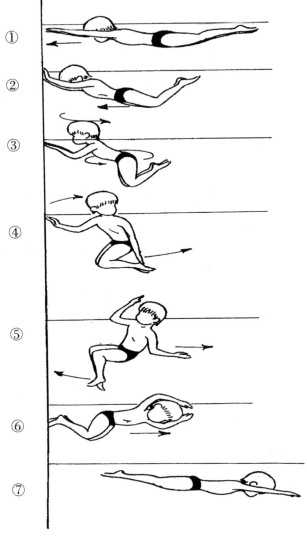

①

②

③

④

⑤

⑥

⑦

圖 37

第七天
懂得如何參加比賽

　　游泳是中國奧運戰略的重點項目。在奧運會眾多競賽項目中，它是僅次於田徑的大項，共設置有 32 個項目的比賽。

　　在世界游泳錦標賽和中國全國游泳錦標賽中，共設置有 38 個競賽項目，其中除女子 800 公尺和男子 1500 公尺自由泳不同外，其餘 18 項男女項目相同。

　　截至 1999 年 9 月 25 日，40 項游泳世界紀錄中，中國運動員保持著 7 項女子世界紀錄：即 50 公尺、100 公尺自由泳（樂靜宜），100 公尺仰泳（賀慈紅），200 公尺個人混台泳（吳艷艷），400 公尺個人混合泳（陳妍），4×100 公尺自由泳接力，4×100 公尺混合泳接力。在亞洲游泳紀錄中，中國運動員保持著 21 項：男子 6 項，女子 15 項。

　　因此，游泳運動水平的高低，對一個國家來說，在奧運會和世界錦標賽及洲際比賽中是極其重要的，特別是在奧運會比賽中，更有著特殊的戰略意義。

　　對初學游泳者來說，一旦掌握了游泳技術後，也應

積極參與競賽活動，除提高興趣外，也可以提高運動水平和競賽能力，使參與游泳活動的範圍更加廣泛。

對初次參加游泳比賽的人來說，了解比賽的有關知識和如何準備比賽是至關重要的。

一、比賽前的準備工作

初次參加比賽的人，除業餘體校青少年兒童應在教練員的指導下，進行必要的賽前訓練外，一般少年兒童或成年人，賽前不必做運動量的調整訓練，只要了解有關競賽的知識和做一些必要的技術改進和提高即可。

1. 了解競賽規程

比賽無論大小，都有一個競賽規程，參加比賽前必須學習其全部規定和有關事項。

●根據規程規定，選擇適合自己的項目並填寫報名表。

●如參加少年兒童比賽，應根據自己的年齡段，按年齡組規定選擇項目。

●了解報名日期和報到日期及時間。

●了解比賽日期和地點，必要時可預先熟悉一下游泳場（池）館情況。

2.根據所報項目積極準備，包括所報項目的技術改

進游和提高速度游、計時游、全程游或測驗游，培養競技意識。

3.進行必要的自我心理調整和訓練，防止精神緊張，要利用一切可以放鬆的手段，如散步、看電視、聽音樂等達到心態放鬆。

4.比賽前一天，準備好次日比賽所需的游泳衣（褲）、泳鏡、泳帽、浴巾、拖鞋等，最好準備2件以上的游泳衣（褲），以便準備活動後更換。

5.業餘運動員還要事先把「運動員註冊證」以及競賽組委會發給的運動員證或入場證準備齊。

6.實踐證明，初次參加比賽的人，無論男女老少，比賽前一天晚上都出現吃不好、睡不好、過於興奮以致失眠的現象。即使是優秀運動員在高水準的大賽中，也會發生此種情況，因此有必要進行心理上的自我調整：

● 晚餐選擇自己愛吃的食物。

● 找朋友聊聊天或散散步。

● 做一些其他輕微的體育活動。

● 看電影、電視或聽音樂。

● 不要打牌，不要喝帶刺激性的飲料。

二、比賽當天賽前的準備工作

1.出發前再檢查一下參賽的用品是否帶全,有無遺漏,特別是運動員入場證和註冊證。

2.到達比賽地點後,先了解一下檢錄處、更衣室、休息室、醫務室和候賽席位置。

3.了解自己所報項目比賽的時間、項次、組次、泳道和同組人姓名、單位,可能的話也可以了解一下對手們的水平。

4.根據比賽時間做好陸上、水上準備活動,活動中要按平日的習慣做,不要增加沒有做過的新動作。要根據自己等候比賽時間的長短做好臨賽前身體上的準備。

5.如設有專門進行水中準備活動的泳池時,可根據自己的項目在賽前留有 20～30 分鐘的休息時間做好水上準備活動。

6.準備活動後,換好乾游泳衣(褲),穿好保暖的運動服,做些輕微的肌肉按摩。

7.如項目在中間或靠後時,要注意休息,也可離開比賽現場,避免影響情緒。但要注意檢錄時間,不要遲到甚至誤賽。

8.檢錄後進入比賽場地後的注意事項:

● 在候賽時心情更易激動緊張，此時更需要鎮靜，可以閉上眼睛想一下自己要怎樣游，或按自己原計劃的游法游、或在了解同組對手的情況後，做適當的技戰術調整。

● 隨檢錄員進入場地在自己的泳道前坐好。當介紹自己的姓名時，應站起來向觀眾和裁判員致意。並脫下保暖服裝，調整一下泳衣、泳鏡、泳帽的鬆緊，再輕微地活動一下四肢和頭部，等候比賽開始。

三、比賽出發時的注意事項

1. 當聽到總裁判或發令員第一聲長哨音時，應站在出發臺上的後緣，如參加的是仰泳比賽或接力仰泳時，應跳入水中。

2. 當聽到總裁判或發令員發出第二聲長哨音時，臺上出發應站到出發臺前緣邊沿上準備出發；水中出發應游回池壁做好準備出發的懸垂動作，雙腳不要露出水面。

3. 當聽到發令員「各就位」口令時，臺上出發的項目應做好預備出發姿勢，全身保持不動的靜止狀態；同樣，水中出發應做好提拉身體向上預備出發的姿勢並保持靜止狀態，等候出發的槍聲、口哨聲或口令才能起動

做出發動作。

4. 在出發後如聽到發令員連續吹出短促的口哨聲時，說明有人「搶碼」犯規，要重新進行第二次出發。此時應及時出水上岸，將身上水漬擦乾穿好保暖服裝，靜待第二次出發的口令。

5. 在第二次出發時，任何人不能再有「搶碼」動作，否則即取消比賽資格、取消成績和錄取名次，這是在出發中應特別注意的。

四、途中游進中的注意事項

1. 必須在自己泳道中游完該項目的全程距離，中途退場即為犯規，取消資格。

2. 在出發、轉身後如鑽入別人泳道游進即為犯規，取消資格。

3. 在游進中除自由泳可以在池底站立外，其他泳式和自由泳均不能跨越和行走，更不能使用任何有利於其速度和助浮的器材，也不能牽拉水線前進，否則即為犯規。

4. 在比賽中不能陪游、帶游和採取任何能對速度起誘導作用的方法，否則即為犯規。

五、參加接力比賽的注意事項

1. 游接力時，四名運動員有一名運動員犯規，即判該隊犯規，取消比賽成績。

2. 游接力時，如本隊前一名隊員尚未觸及池壁，而後一名隊員即離臺出發，應判犯規。但該隊員可重新返回，以身體任何部分觸及池壁後，再行游出不作犯規論處。

3. 接力比賽中游完的運動員應在不影響其他運動員比賽的情況下儘快離池，並不得觸停其他泳道自動計時裝置，否則即判犯規。運動員全部到達終點後，要儘快離池，否則即判為犯規。

4. 在接力比賽中，當各隊所有運動員尚未游完之前，除應游該棒的隊員之外，任何其他接力隊員如果進入水中，即為犯規，該接力隊將被取消錄取資格。這是需要引起注意的，不要因為本隊已取得第一名就忘乎所以造成犯規。

5. 在個人單項比賽中，如發現上述現象，應取消其原定的下一次的比賽資格，這要特別注意。

六、參加蛙泳比賽的注意事項

1. 出發後或轉身後，只能在水下做一次長划水動作，第二次划水時，頭部必須露出水面。

2. 在游進過程中，身體必須保持俯臥、兩肩平行；兩臂划水、兩腿蹬水動作必須保持同時，並在同一水平面上進行。換句話說，兩臂、兩腿動作必須對稱。

3. 兩臂划水時，除出發轉身後做一次長划水，臂可以划至腿部外，在其他游進中，兩臂均不得划至肩線以後，兩肘不應露出水面，否則即為犯規。

4. 在游蛙泳中，兩臂、兩腿與呼吸完成一個周期動作的過程中，頭的任何一部分必須露出水面。在到達終點雙臂觸壁時，頭潛入水中是可以的。

5. 兩腿在游進中不能做上下交替打水或剪腿動作，否則即為犯規。

6. 在每次轉身或到達終點時，兩手應在水下或水面上同時觸壁，觸壁前兩肩應與水面平行。

七、比賽後的注意事項

1. 任何項目比賽完後，應服從裁判員指揮出水上

岸，不要影響尚未游完的運動員。

2.任何項目比賽中，如其他泳道運動員鑽入自己泳道，阻礙或影響了自己的游進速度和成績時，可以向裁判員提出重游或直接進入決賽。

3.參賽項目比賽完了應及時了解成績，如需重賽或取得決賽資格，應記好重賽和決賽時間，換好乾運動服保暖，準備重賽或決賽。

4.決賽取得名次後，應注意領獎時間，換好整潔服裝，等待頒獎。領獎後應向觀眾致意以示感謝。

5.如參加全國比賽或國際比賽取得名次後，還應注意檢測興奮劑的時間、地點，及時完成檢測，避免延誤而被取消名次。

6.自己參賽項目全部比賽結束後，可進行淋浴、放鬆，整理所帶比賽用品。

7.稍休息後，應靜下來總結一下參加比賽的經驗和教訓，以利於下次參賽。

總之，參加游泳競賽活動，有益於培養我們奮發進取、克服困難的精神，在實戰中檢驗我們的技術和運動水平，以便更上一層樓。

高級教室一
教你學仰泳

學會了蛙泳之後，為了掌握更多的泳姿，不妨練練仰泳。仰泳也是一種易於掌握的技術，特別是在學會蛙泳之後，再學習反蛙泳技術（蛙式仰泳）就更易如反掌了。

仰泳有兩種形式：

第一種是採用兩腿上下交替踢水、兩臂輪流划水、頭露在水面上呼吸的「爬式仰泳」技術（或稱之為自由式仰泳）（圖38）。

第二種是採用蛙泳蹬夾水、兩臂不出水在水中划水或兩臂划水後，從空中移臂在頭前入水後再划水，頭露在水面上呼吸的是「蛙式仰泳」技術（或稱之為反蛙泳）（圖39、40）。

其中，手不出水的反蛙泳對中老年人來說更容易學，對少年兒童來說，最好是在學會蛙泳的基礎上再來學習仰泳。

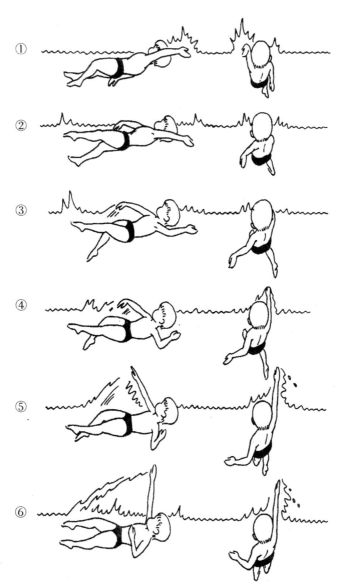

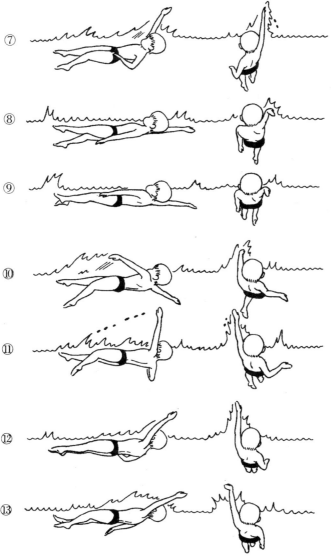

圖 38　仰泳完整配合技術動作示意圖

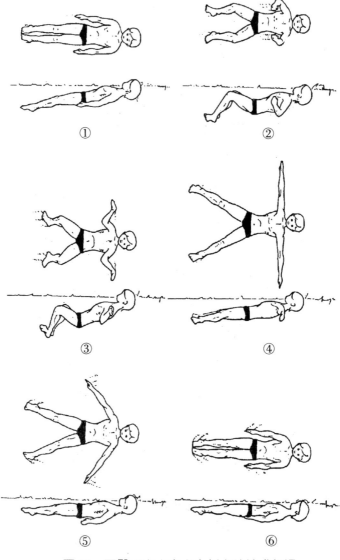

圖39　兩臂不出水在水中划水的蛙式仰泳

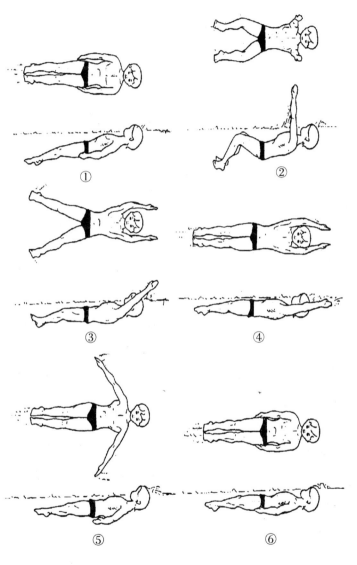

圖 40　兩臂從空中移臂在頭前入水後再划水的蛙式仰泳

一、學習仰泳的仰臥滑行和腿踢水動作

　　仰泳時，由於身體仰臥，很容易下沉，為了保持身體上浮，有利於仰臥在水面上，應先練習腿的踢水動作，同時，還必須掌握由仰臥還原成站立的姿勢，保證必要的安全。

練習目的：

　　掌握仰泳正確的臥水姿勢和腿的上下踢水動作，或反蛙泳蹬腿動作，保持身體平衡，為學習仰泳臂和仰泳的完整配合技術打下基礎。

練習要求：

　　腿踢水時，注意以髖關節為軸。大腿帶動小腿做鞭狀打水。在練習中尤應注意屈腿上踢和直腿下壓的動作，因為屈腿上踢是建立在直腿下壓基礎上的連貫動作，也是產生推動力的主要力量之一，對身體上浮和保持身體平衡是很重要的。

練習重點：

　　踢水時以髖關節為軸，大腿帶動小腿上下的鞭狀打水動作。

練習難點：

　　鞭狀打水動作。

練習方法：

1. 陸上模仿練習

● 單腿直立。身體重心偏向支撐腿，另一腿伸直放鬆懸垂，用腳尖觸地，以髖關節為軸發力，使懸垂腿做前後擺動，猶如鐘擺一樣擺動，體會髖關節為軸的動作（圖41）。

● 坐在池邊或凳上做兩腿模仿打水動作，著重體會大腿帶動小腿、屈腿上踢和直腿下壓的動作(圖42)。

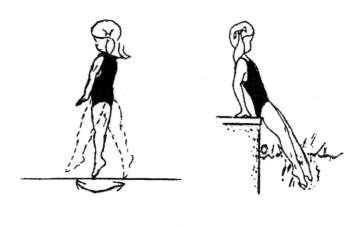

圖 41　　　　　　　　　圖 42

2. 水中練習

● 握池邊仰臥成直立姿勢練習

手握池槽仰臥後，收腹、屈膝收腿團身、雙腳著池底後，手臂自上下壓水立起（圖43）。

●向後跳起半屈還原練習

上體向後跳起後，成半屈體時急收腹、收腿還原（圖44）。

圖43　　　　　　　　　圖44

●結伴練習：由同伴立於練習人後面保護做（圖45）。

●仰臥後還原站立練習（圖46）。

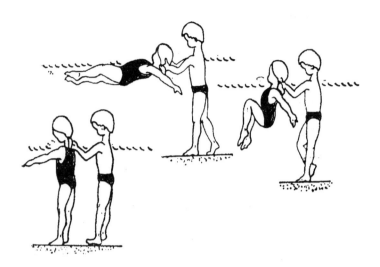

圖 45

圖 46

3. 仰臥滑行

掌握了由仰臥漂浮恢復站立的方法後,即應學會仰臥滑行,並練習借助於池邊蹬離池壁的動作滑行。

練習方法:

用雙腳勾住欄杆或由同伴牽引做滑行練習(圖47)。

雙手推離池壁並用腳蹬離池壁後滑行,臂後伸(圖48)。

● 在水下蹬離池壁後滑行(圖49)。

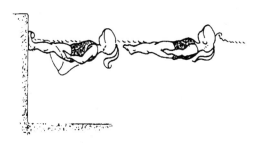

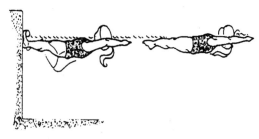

圖 47

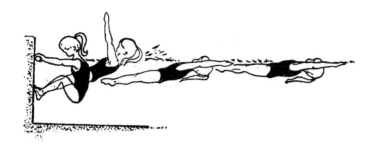

圖 48

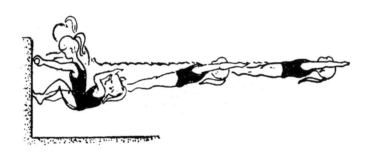

圖 49

4. 仰泳踢腿動作

● 坐在池邊用腿打水（圖 50）要求髖部用力、兩腳併攏、兩腳稍向內轉、踝關節放鬆、交替打水，可默數 1、2、3、4、5、6……來做。

● 握池槽練習（圖 51）。具體要求同上一練習，

圖 50

圖 51

此練習時間不宜過長，否則會引起脖子抽筋酸痛。練習中要注意屈腿上踢和直腿下壓。

　●胸部繫浮體踢水練習（圖 52）。

　●用手掌輕撥壓水踢腿練習（圖 53）。

　做此練習時雙手在體側輕微撥壓水即可。

　●雙手貼於體側踢水（圖 54）。

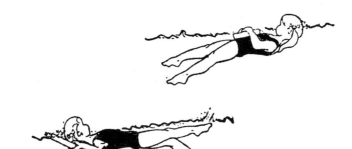

圖 52

圖 53

圖 54

●雙臂後伸踢水（圖 55）。做此練習要求頭後仰，雙眼看斜後方，稍收腹，挺胸，其他動作同上一練習。

●中老年人練習腿的動作時，可以採用蛙式蹬腿練習。

在練習以上蹬腿動作時，開始可以在淺水區，便於後仰和站起，一旦學會仰臥還原站立動作時，即應在齊胸深的水中練習。

圖 55

二、學習仰泳的臂划水動作

　　仰泳臂划水是推動身體前進的主要動力，也是保持身體平衡和上浮的主要因素之一。在學習踢水動作後，應立即練習划水動作。

練習目的：

　　掌握仰泳兩臂划水動作，為學習仰泳完整配合技術打下基礎。

練習要求：

　　在練習中，應注意防止兩臂交替划水動作中產生的停頓現象和分解動作。開始練習時，可採取直臂划水，一旦連貫起來後，再要求注意屈臂划水。

練習重點：

　　直臂划水動作和屈臂划水。

練習難點：

　　兩臂交替地協調配合。

練習方法：

1.陸上模仿練習

　　●原地站立模仿仰泳臂划水動作，體會划水路線。可先單臂後雙臂交替練習。

● 仰臥凳上做仰泳臂划水模仿動作。注意兩臂交替做時的配合協調（圖 56）。

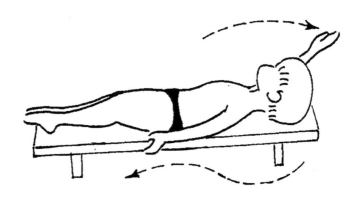

圖 56

2. 水中練習

● 站立在齊胸水中做仰泳臂划水練習。要求手臂伸直，手掌伸直五指併攏，掌心向內，兩臂上下伸直成180°（圖 57）。

● 兩腳勾住水線或池邊水槽，做划臂練習。要求當上臂後擺入水時，應落在肩延線上；划水結束時，掌心向下於臀部外下側方（圖 58）。

● 由同伴托扶雙腿做仰泳臂划水動作，同伴可隨時

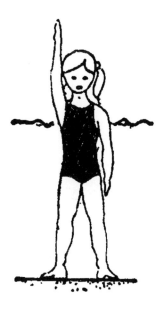

圖 57

圖 58

提醒其注意動作要點（圖59）。

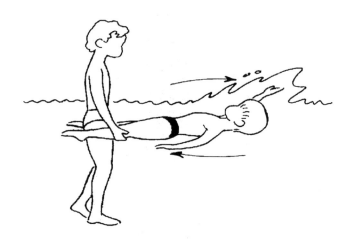

圖59

● 仰臥滑行單臂划水練習。做這個練習時，要求雙腿做輕微打水時要淺；一隻臂貼於體側，一隻臂划水。

做單臂划水動作容易造成具體偏斜一側，所以可以採取：一臂做完——淺打水——另一臂再做。關節不靈活的人，可能會左右晃動較大，應注意不要用力過猛。

● 兩臂交替做划水動作，在練習中應注意以臂划水為主，配合淺打水動作維持身體平衡和上浮(圖60)。

● 屈臂划水：現代仰泳技術中都採用屈臂划水（圖61）。

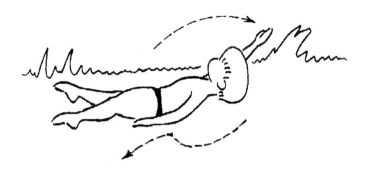

圖 60

　臂入水時在肩延線上，手臂一入水即抓水、拉水，手臂開始伸直（圖 61①②③）。

　屈肘、手腕挺直開始拉水，掌心向腳的方向推水，推的越長越好，指尖始終保持一定的深度，不要濺起水花。

　推水結束時，手掌沿著大腿側划，隨之掌心向腿側，進而壓水時，掌心向下用力並反彈出水（圖 61④⑤）。

　臂出水時，可以大拇指先出水或手背先出水，隨之直臂向後做移臂動作。向後移臂時要放鬆（圖 61⑥）。

　重新入水時，手臂伸直。

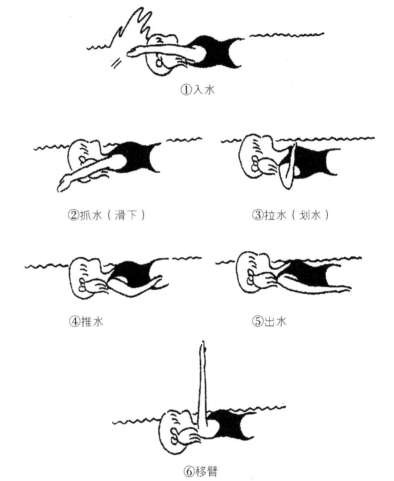

①入水

②抓水（滑下）

③拉水（划水）

④推水

⑤出水

⑥移臂

圖61　仰泳屈臂划水動作示意圖

三、學習仰泳的完整配合技術

　　仰泳的完整配合動作是由兩臂各划水 1 次、兩腿各踢水 3 次、呼吸 1 次來構成的，即 6：2：1 的完整配合技術。

練習目的：

　　掌握仰泳完整配合技術，能游一定距離。

練習要求：

　　注意臥水姿勢和動作協調。

練習重點：

　　臂腿動作配合。

練習難點：

　　動作配合協調不分解。

練習方法：

1.陸上模仿練習

　　●原地站立踏步或後退倒行，口中默數 1、2、3、1、2、3 或 1、2、3、4、5、6……兩臂各划臂 1 次。

　　●同上一練習加上呼吸練習。即在「1」時呼氣，在「4」時吸氣。

2. 水中練習

● 雙腿夾住一個浮體或胸際繫一浮體做臂划水與呼吸的配合練習,注意一臂出水提臂時呼氣、臂推水時吸氣。

● 在淺水區練習腿臂配合,可以先一臂,再兩臂划水配合,口中默數 1、2、3、1、2、3,或 1、2、3、4、5、6,自然呼吸。

● 輕度踢水做兩臂與呼吸配合,注意節奏。

● 仰泳完整配合游一定距離。

● 加長游泳距離,在長游中體會配合動作,要力求放鬆,協調配合。

高級教室二
教你學自由泳

　　自由泳俗稱爬泳，在四種游泳姿勢中是速度最快的，但較蛙泳和仰泳難於掌握；一般都是在學會前兩種姿勢後，才學自由泳。特別是在學會了仰泳之後，再學自由泳就比較容易了（圖62）。

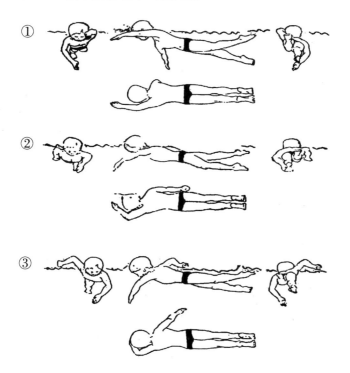

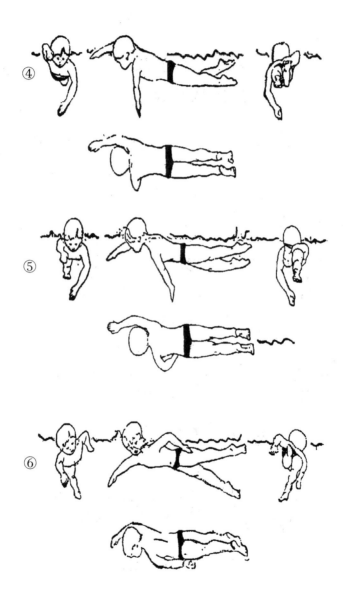

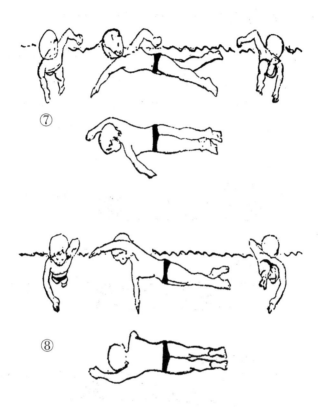

圖61　自由泳完整配合技術動作示意圖

一、學習自由泳的鞭狀打水動作

　　自由泳中，鞭狀打水動作是推動身體前進的動力因素之一，但主要的是維持身體平衡，儘管如此，也是不可忽視的，特別是在短距離游進中，與手臂划水動作配合，有如虎添翼之功。更可加快速度（圖63）。

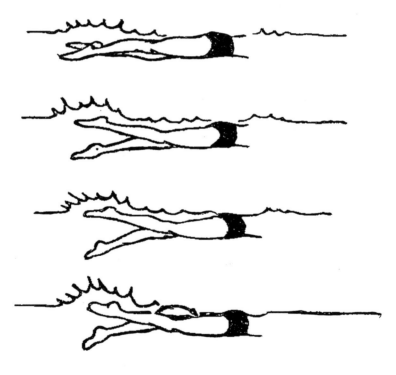

圖63　鞭狀打水

練習目的：

　　學習兩腿輪流交替的上下鞭狀打水動作，為學習爬泳完整的配合技術打下基礎。

練習要求：

　　打腿時以髖關節為軸，大腿用力，膝和踝關節放鬆，大腿帶動小腿做上下鞭狀打水動作，腿向上時膝關節伸直，兩腳上下活動幅度30～40公分。

練習重點：

　　以髖關節為軸，大腿帶動小腿上下打水。

練習難點：

　　鞭狀打水動作。

練習方法：

1.陸上模仿練習

　　●模仿鐘擺的擺動，體會以髖關節為軸和大腿帶動小腿的動作（同圖41）。

　　●坐在池邊或岸邊，兩腿做模仿打水動作，兩腿向前伸直並內旋，兩眼看兩腿動作（同圖42）。

　　●俯臥池邊或凳上模仿打水動作練習，要求髖關節展開，大腿帶動小腿。

2. 水中練習

● 俯臥水中,手握池槽或撐於池底,成水平姿勢,做直腿或屈腿打水,要求髖關節展開,大腿帶動小腿,踝關節放鬆,兩腳內旋(圖64)。

● 繫浮體俯臥,雙手持板做打水練習(圖65)。

● 繫浮體俯臥水中,雙臂前伸做打水練習(圖66)。

● 俯臥水中雙臂前伸做打水練習(圖67)。

圖64

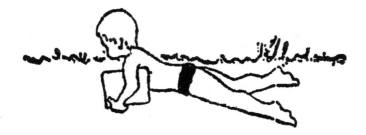

圖 65

圖 66

圖 67

二、學習自由泳臂划水動作與呼吸的配合

　　自由泳呼吸動作較蛙泳、仰泳不易掌握，初學自由泳要學會在水中的吐氣和閉氣動作。

練習目的

　　掌握自由泳臂划水技術和與呼吸配合技術，為學習自由泳完整配合技術打下基礎。

練習要求

　　自由泳臂划水時，手臂要高肘屈臂沿身體中線向後做Ｓ形划水。在同側臂划水時呼氣，推水時轉頭吸氣。

　　初學自由泳的人，為了儘快掌握動作，可先做直臂划水，學會後再做屈臂划水，在練習中應注意除划水階段用力外，其他階段應注意放鬆。空中移臂時注意肘應高於手。

練習重點：

　　臂在水下的划水動作和臂與呼吸動作的配合技術（圖68、69）。

練習難點：

　　呼吸動作。

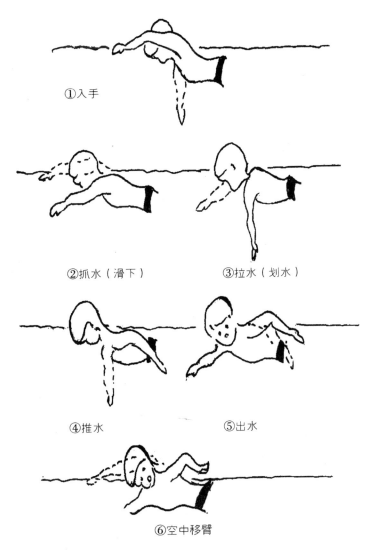

①入手

②抓水（滑下）　③拉水（划水）

④推水　⑤出水

⑥空中移臂

圖 68　自由泳手臂動作示意圖

圖 69　自由泳手臂動作示意圖

練習方法：

1. 陸上模仿練習

● 兩腳開立，上體前傾，做兩臂交替划水練習，可先直臂後屈臂，體會划水路線。也可先練單臂划水再練雙臂划水（圖 70）。

● 同上一練習，注意入水、划水、推水、空中移臂的完整臂划水動作。

● 上體前傾，雙手扶膝部，做轉頭呼吸動作，在側轉頭時張口吸氣，頭轉動過程中閉氣，頭轉動後呼氣（圖 71）。

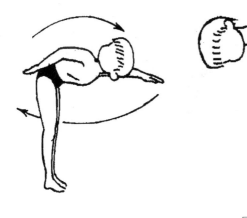

圖 70　　　　　　　圖 71

● 當臂推水時向划水臂一側轉頭吸氣。

2. 水中練習

● 站立淺水中，做第一個陸上練習動作。

● 站立淺水中，做第二個陸上練習動作。

● 站立淺水中，做第二個陸上練習動作，從原地開始走動，在前進中做划水練習，做 2～3 次後可加入轉頭呼吸。

● 蹬邊滑行後，雙腿輕度打水，一臂前伸，一臂划水做側轉頭呼吸動作練習（圖 72）。

● 蹬邊滑行後，雙腿輕度打水，做兩臂交替划水，開始時可一臂前伸，一臂划水結束並向前移臂，至前伸

圖 72

臂處雙臂靠近稍停，另一臂再划水。也可在練習中體會側轉頭呼吸的時機（同圖 71）。

● 雙腳勾住水槽或水線，或由人托扶雙腿，俯臥水中做臂划水，由單臂到雙臂交替，最後加側轉頭呼吸動作。

三、學習自由泳的完整配合技術

自由泳的完整配合技術較難，尤其對初學者來說，既要注意臂腿配合的協調性，又要注意臂與呼吸配合的節奏性。

練習目的：

掌握自由泳 6 次（腿打水）：2 次（臂划水）：1 次（呼吸）的完整配合技術，用自由泳游一定距離。

練習要求：

在練習自由泳中，由於呼吸是側轉頭時吸氣，所以，初學的人較難掌握，故有時比較緊張。因此，可先練習臂腿配合，再練習完整配合。開始練習時不要過於注意臂腿動作的準確與否，而著重注意動作的協調和放鬆。在初學掌握了完整配合技術之後，再進一步注意動作的準確性。一般自由泳技術是 6：2：1 配合，主要注意動作配合自如，少打 1～2 次腿也無妨。

練習重點：

臂、腿動作協調配合。

練習難點：

轉頭吸氣動作。

練習方法：

1.陸上模仿練習

● 原地踏步或走動，默數 1、2、3，1、2、3 或 1、2、3、4、5、6，原地踏 6 步或向前走 6 步，雙臂前手舉，同時做 1～2 兩次划臂動作。

● 同上一練習加側轉頭呼吸動作。

● 俯臥長凳上做臂腿配合模仿練習，也可加入呼吸練習。

2. 水中練習

● 蹬邊滑行後雙腿輕度打水，配合單臂划水練習，另一臂前伸保持身體俯臥和維持平衡（同圖 71）。

● 蹬邊滑行後，腿輕打水做兩臂交替划水練習。

● 做一次完整配合練習：滑行打水，呼氣──右或左臂划水時向右或向左轉頭吸氣，右臂提肘出水前移，頭轉正兩臂前伸靠攏成滑行姿勢呼氣。繼續打水，練習時注意力集中，爭取能吸到氣呼出氣。

● 要求兩臂輪流划水多次，呼吸一次，逐漸過渡到兩臂各划水一次，呼吸一次。

● 逐漸加長自由泳游泳距離，在游進中注意完整配合動作改善技術，力求做到 6：2：1 配合。

高級教室三
教你學蝶泳

　　蝶泳，也稱海豚泳，技術是在四種競技游泳姿勢中最難掌握、最消耗體力的一種，它的速度僅次於自由泳，人們一般都是在學會蛙泳、自由泳之後學習蝶泳。人們都非常喜歡海豚的優美動作，因此，對和海豚游泳很相像的蝶泳倍感興趣（圖73）。

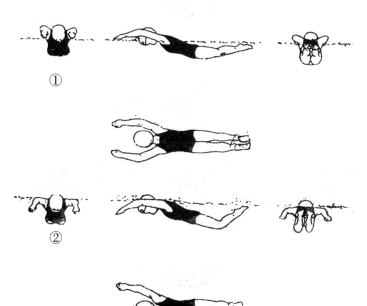

③

④

⑤

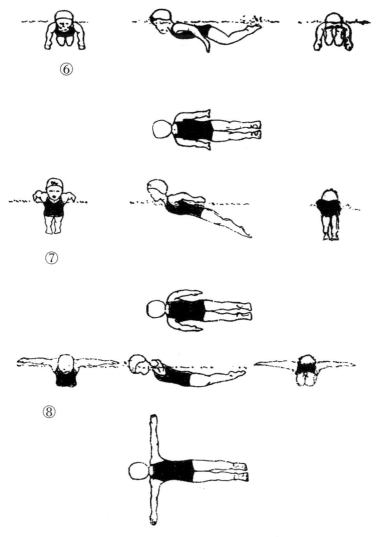

圖 73　蝶泳完整配合技術動作示意圖

一、學習蝶泳的軀幹和腿部動作

練習目的：

　　掌握蝶泳軀幹和腿的波浪鞭水動作，學會腰腹如何用力，為完整配合打下基礎。

練習要求：

　　蝶泳時，軀幹和腿的波浪鞭水動作，對初學者是較難的，一般容易產生僅做膝關節屈伸的打水或收腹提臀直腿打水的錯誤動作。因此在練習蝶泳時應注意身體軀幹和腿的動作要協調配合，融為一個連貫性的動作。

練習重點：

　　腰腹與腿協調用力動作。

練習難點：

　　波浪鞭水動作。

練習方法：

1.陸上模仿練習

　　●原地站立，兩臂上舉，腰腹前後擺動如浪狀，模仿海豚的尾鰭腿鞭水動作（圖74）。也可背靠牆站立，使臀部在收腹動作時觸牆壁。

　　●原地站立，兩臂上舉，跳起於空中做腰腹腿擺浪動作（圖75）。

圖 74

圖 75

2. 水中練習

● 同陸上的兩個練習。

● 扶池邊或水槽練習。可先練自由泳打水動作，隨

後兩腿併攏（圖 76①②）。

●蹬池邊滑行，兩臂前伸低頭閉氣，做腰腿浪狀鞭水動作（圖 77）。

圖 76

圖 77

● 扶池邊側臥做浪狀鞭水動作（圖 78）。

● 側臥水中臂前伸做浪狀鞭水動作（圖 79）。

● 扶板做浪狀鞭水動作（圖 80）。

● 俯臥或仰臥滑行做浪狀鞭水動作（圖 81①②③）。

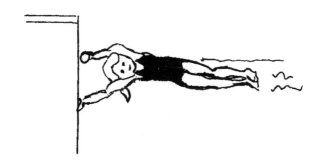

圖 78

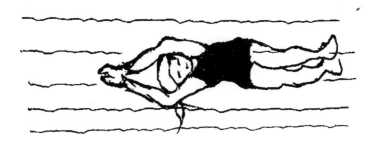

圖 79

圖 80

①雙臂在體側俯臥打水

②仰臥漂浮打水

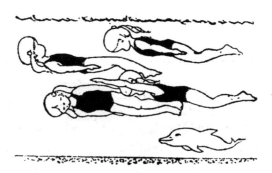

③徒手打水練習

圖 81

二、學習蝶泳手臂動作與呼吸的配合

　　蝶泳兩臂划水動作和蛙泳一樣，要求對稱同時划水。它的呼吸動作較難，需要與兩臂划水密切配合（圖82）。

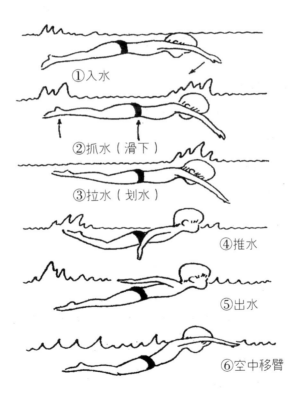

①入水

②抓水（滑下）

③拉水（划水）

④推水

⑤出水

⑥空中移臂

圖82　蝶泳臂划水動作示意圖

練習目的：

　　學習蝶泳手臂划水和手臂動作與呼吸配合動作，為完整蝶泳技術打下基礎。

練習要求：

　　初學者兩臂划水應防止向下按水和臂出水時向上撈水，練習中應注意兩臂划水的主要方向是向後，推水階段要用力，並充分利用力的慣性配合低頭動作來完成移肩移臂動作。

練習重點：

　　兩臂划水動作與呼吸動作的配合。

練習難點：

　　呼吸動作。

練習方法：

1. 陸上模仿練習

　　●兩腳前後開立，模仿蝶泳雙臂划水動作，主要體會划水路線和轉肩移臂動作（圖83）。

　　同上一練習，加上呼吸動作，當雙臂划至靠近臀部時抬頭吸氣，低頭呼氣。

2. 水中練習

　　●在淺水中做陸上的兩個模仿練習，並由原地做到

走動做。

　●兩腳蹬池底配合兩臂向後划水，使身體向前躍起，並經空中向前移臂，當兩臂移至體前時身體下落低頭入水（圖84）。

圖83

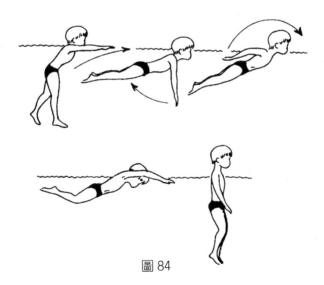

圖84

● 雙腳勾住水域或水槽，俯臥水中做兩臂划水練習，也可增加呼吸動作，注意推水結束時抬頭吸氣，雙臂入水後低頭呼氣（圖85）。

● 兩腿做輕度打自由泳腿，兩臂做蝶泳滑水（圖86）。

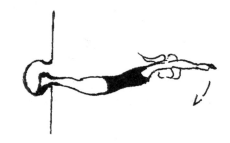

圖 85

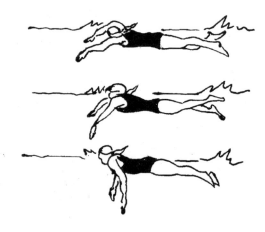

圖 86

●兩腿夾浮板做蝶泳兩臂划水動作。此動作宜在提高時採用（圖87）。

●雙人練習：由同伴抱住雙腿做兩臂划水練習。

圖 87

三、學習蝶泳的完整配合技術

蝶泳完整配合動作較其他三種姿勢不容易掌握，需要很好的臂力和身體的柔軟性協調配合，但經過上述練習後，可以初步嘗試學習完整的蝶泳技術(同圖67)。

練習目的：

掌握 2：1：1 的蝶泳完整配合技術，即打 2 次腿，划 1 次臂，呼吸 1 次，並能游一定距離。

練習要求：

蝶泳技術結構比較複雜，初學者容易手臂入水後第二次打水過早，因而產生腿、臂動作配合脫節現象。因此，在練習中應注意腿、臂配合要有節奏，注意第二次

打水應與兩臂划水同時進行。

練習重點：

腿、臂的 2：1 動作配合。

練習難點：

臂划水將結束時，進行第二次打水的動作。

練習方法：

1.陸上模仿練習

單腿站立，另一腿向後伸直，雙臂上舉，開始做一次腿前踢，雙臂落下時做第二次前踢動作。當雙臂自下上舉伸直時再重覆前面動作（圖88）。

圖88

2.水中練習

● 做多次浪狀打水動作、划一次臂的練習。然後加入呼吸動作。

● 做自由泳打水動作，隨之雙腿併攏做浪狀打水，配合划臂動作。

● 做 2 次打腿、1 次划臂的配合練習。要求臂入水時，腿做第一次打水，臂划水時，腿做第二次打水。注意臂、腿動作的配合要有節奏。

● 同上一練習，注意在划臂時抬頭吸氣。

● 初步掌握完整配合後，可以逐漸加長游泳距離。同時配合兩臂的力量練習，以及身體柔軟性的練習和協調性練習。

大展出版社有限公司
品冠文化出版社

圖書目錄

地址：台北市北投區(石牌)　　電話：(02)28236031
　　　致遠一路二段 12 巷 1 號　　　　28236033
郵撥：0166955～1　　　　　　傳真：(02)28272069

・法律專欄連載・大展編號 58

・武 術 特 輯・大展編號 10

26. 華佗五禽劍	劉時榮著	180 元
27. 太極拳基礎講座：基本功與簡化 24 式	李德印著	250 元
28. 武式太極拳精華	薛乃印著	200 元
29. 陳式太極拳拳理闡微	馬 虹著	350 元
30. 陳式太極拳體用全書	馬 虹著	400 元
31. 張三豐太極拳	陳占奎著	200 元
32. 中國太極推手	張 山主編	300 元
33. 48 式太極拳入門	門惠豐編著	220 元
34. 太極拳奇人奇功	嚴翰秀編著	250 元
35. 心意門秘籍	李新民編著	220 元
36. 三才門乾坤戊己功	王培生編著	元
37. 武式太極劍精華 +VCD	薛乃印編著	元
38. 楊式太極拳	傅鐘文演述	元

·原地太極拳系列· 大展編號 11

1. 原地綜合太極拳 24 式	胡啓賢創編	220 元
2. 原地活步太極拳 42 式	胡啓賢創編	200 元
3. 原地簡化太極拳 24 式	胡啓賢創編	200 元
4. 原地太極拳 12 式	胡啓賢創編	200 元

·道 學 文 化· 大展編號 12

1. 道在養生：道教長壽術	郝 勤等著	250 元
2. 龍虎丹道：道教內丹術	郝 勤著	300 元
3. 天上人間：道教神仙譜系	黃德海著	250 元
4. 步罡踏斗：道教祭禮儀典	張澤洪著	250 元
5. 道醫窺秘：道教醫學康復術	王慶餘等著	250 元
6. 勸善成仙：道教生命倫理	李 剛著	250 元
7. 洞天福地：道教宮觀勝境	沙銘壽著	250 元
8. 青詞碧簫：道教文學藝術	楊光文等著	250 元
9. 沈博絕麗：道教格言精粹	朱耕發等著	250 元

·秘傳占卜系列· 大展編號 14

1. 手相術	淺野八郎著	180 元
2. 人相術	淺野八郎著	180 元
3. 西洋占星術	淺野八郎著	180 元
4. 中國神奇占卜	淺野八郎著	150 元
5. 夢判斷	淺野八郎著	150 元
6. 前世、來世占卜	淺野八郎著	150 元
7. 法國式血型學	淺野八郎著	150 元
8. 靈感、符咒學	淺野八郎著	150 元

9. 紙牌占卜學	淺野八郎著	150 元
10. ESP 超能力占卜	淺野八郎著	150 元
11. 猶太數的秘術	淺野八郎著	150 元
12. 新心理測驗	淺野八郎著	160 元
13. 塔羅牌預言秘法	淺野八郎著	200 元

·趣味心理講座· 大展編號 15

1. 性格測驗	探索男與女	淺野八郎著	140 元
2. 性格測驗	透視人心奧秘	淺野八郎著	140 元
3. 性格測驗	發現陌生的自己	淺野八郎著	140 元
4. 性格測驗	發現你的真面目	淺野八郎著	140 元
5. 性格測驗	讓你們吃驚	淺野八郎著	140 元
6. 性格測驗	洞穿心理盲點	淺野八郎著	140 元
7. 性格測驗	探索對方心理	淺野八郎著	140 元
8. 性格測驗	由吃認識自己	淺野八郎著	160 元
9. 性格測驗	戀愛知多少	淺野八郎著	160 元
10. 性格測驗	由裝扮瞭解人心	淺野八郎著	160 元
11. 性格測驗	敲開內心玄機	淺野八郎著	140 元
12. 性格測驗	透視你的未來	淺野八郎著	160 元
13. 血型與你的一生		淺野八郎著	160 元
14. 趣味推理遊戲		淺野八郎著	160 元
15. 行為語言解析		淺野八郎著	160 元

·婦幼天地· 大展編號 16

1. 八萬人減肥成果	黃靜香譯	180 元
2. 三分鐘減肥體操	楊鴻儒譯	150 元
3. 窈窕淑女美髮秘訣	柯素娥譯	130 元
4. 使妳更迷人	成 玉譯	130 元
5. 女性的更年期	官舒妍編譯	160 元
6. 胎內育兒法	李玉瓊編譯	150 元
7. 早產兒袋鼠式護理	唐岱蘭譯	200 元
8. 初次懷孕與生產	婦幼天地編譯組	180 元
9. 初次育兒 12 個月	婦幼天地編譯組	180 元
10. 斷乳食與幼兒食	婦幼天地編譯組	180 元
11. 培養幼兒能力與性向	婦幼天地編譯組	180 元
12. 培養幼兒創造力的玩具與遊戲	婦幼天地編譯組	180 元
13. 幼兒的症狀與疾病	婦幼天地編譯組	180 元
14. 腿部苗條健美法	婦幼天地編譯組	180 元
15. 女性腰痛別忽視	婦幼天地編譯組	150 元
16. 舒展身心體操術	李玉瓊編譯	130 元
17. 三分鐘臉部體操	趙薇妮著	160 元

・實用女性學講座・ 大展編號 19

1. 解讀女性內心世界　　　　　島田一男著　150 元
2. 塑造成熟的女性　　　　　　島田一男著　150 元
3. 女性整體裝扮學　　　　　　黃靜香編著　180 元
4. 女性應對禮儀　　　　　　　黃靜香編著　180 元
5. 女性婚前必修　　　　　　　小野十傳著　200 元
6. 徹底瞭解女人　　　　　　　田口二州著　180 元
7. 拆穿女性謊言 88 招　　　　島田一男著　200 元
8. 解讀女人心　　　　　　　　島田一男著　200 元
9. 俘獲女性絕招　　　　　　　　志賀貢著　200 元
10. 愛情的壓力解套　　　　　中村理英子著　200 元
11. 妳是人見人愛的女孩　　　　廖松濤編著　200 元

・校園系列・ 大展編號 20

1. 讀書集中術　　　　　　　　　多湖輝著　180 元
2. 應考的訣竅　　　　　　　　　多湖輝著　150 元
3. 輕鬆讀書贏得聯考　　　　　　多湖輝著　150 元
4. 讀書記憶秘訣　　　　　　　　多湖輝著　180 元
5. 視力恢復！超速讀術　　　　　江錦雲譯　180 元
6. 讀書 36 計　　　　　　　　　黃柏松編著　180 元
7. 驚人的速讀術　　　　　　　鐘文訓編著　170 元
8. 學生課業輔導良方　　　　　　多湖輝著　180 元
9. 超速讀超記憶法　　　　　　廖松濤編著　180 元
10. 速算解題技巧　　　　　　　宋釗宜編著　200 元
11. 看圖學英文　　　　　　　　陳炳崑編著　200 元
12. 讓孩子最喜歡數學　　　　　　沈永嘉譯　180 元
13. 催眠記憶術　　　　　　　　　林碧清譯　180 元
14. 催眠速讀術　　　　　　　　　林碧清譯　180 元
15. 數學式思考學習法　　　　　　劉淑錦譯　200 元
16. 考試憑要領　　　　　　　　　劉孝暉著　180 元
17. 事半功倍讀書法　　　　　　　王毅希著　200 元
18. 超金榜題名術　　　　　　　　陳蒼杰譯　200 元
19. 靈活記憶術　　　　　　　　林耀慶編著　180 元
20. 數學增強要領　　　　　　　江修楨編著　180 元

・實用心理學講座・ 大展編號 21

1. 拆穿欺騙伎倆　　　　　　　　**多湖輝著　140 元**
2. 創造好構想　　　　　　　　　**多湖輝著　140 元**
3. 面對面心理術　　　　　　　　**多湖輝著　160 元**
4. 偽裝心理術　　　　　　　　　**多湖輝著　140 元**

8

24. 改變你的夢術入門　　　　　　高藤聰一郎著　250元
25. 21世紀拯救地球超技術　　　　深野一幸著　250元

·養生保健· 大展編號23

1. 醫療養生氣功	黃孝寬著	250元
2. 中國氣功圖譜	余功保著	250元
3. 少林醫療氣功精粹	井玉蘭著	250元
4. 龍形實用氣功	吳大才等著	220元
5. 魚戲增視強身氣功	宮 嬰著	220元
6. 嚴新氣功	前新培金著	250元
7. 道家玄牝氣功	張 章著	200元
8. 仙家秘傳祛病功	李遠國著	160元
9. 少林十大健身功	秦慶豐著	180元
10. 中國自控氣功	張明武著	250元
11. 醫療防癌氣功	黃孝寬著	250元
12. 醫療強身氣功	黃孝寬著	250元
13. 醫療點穴氣功	黃孝寬著	250元
14. 中國八卦如意功	趙維漢著	180元
15. 正宗馬禮堂養氣功	馬禮堂著	420元
16. 秘傳道家筋經內丹功	王慶餘著	280元
17. 三元開慧功	辛桂林著	250元
18. 防癌治癌新氣功	郭 林著	180元
19. 禪定與佛家氣功修煉	劉天君著	200元
20. 顛倒之術	梅自強著	360元
21. 簡明氣功辭典	吳家駿編	360元
22. 八卦三合功	張全亮著	230元
23. 朱砂掌健身養生功	楊永著	250元
24. 抗老功	陳九鶴著	230元
25. 意氣按穴排濁自療法	黃啓運編著	250元
26. 陳式太極拳養生功	陳正雷著	200元
27. 健身祛病小功法	王培生著	200元
28. 張式太極混元功	張春銘著	250元
29. 中國璇密功	羅琴編著	250元
30. 中國少林禪密功	齊飛龍著	200元
31. 郭林新氣功	郭林新氣功研究所	400元

·社會人智囊· 大展編號24

1. 糾紛談判術	清水增三著	160元
2. 創造關鍵術	淺野八郎著	150元
3. 觀人術	淺野八郎著	200元
4. 應急詭辯術	廖英迪編著	160元

國家圖書館出版品預行編目資料

蛙泳七日通／溫仲華著
——初版，——臺北市，大展，民90（2001年）
面；21公分，——（運動遊戲；8）
ISBN 957-468-077-0（平裝）

1.游泳
528.96　　　　　　　　　　90007185

北京人民體育出版社授權中文繁體字版

蛙泳七日通　　　ISBN 957-468-077-0

著　　者／溫仲華
責任編輯／劉　筠
發 行 人／蔡森明
出 版 者／大展出版社有限公司
社　　址／台北市北投區（石牌）致遠一路2段12巷1號
電　　話／（02）28236031・28236033・28233123
傳　　眞／（02）28272069
郵政劃撥／01669551
E－mail／dah-jaan@ms9.tisnet.net.tw
登 記 證／局版臺業字第2171號
承 印 者／高星印刷品行
裝　　訂／嶸興裝訂有限公司
排 版 者／弘益電腦排版有限公司
初版1刷／2001年（民90年）7月

定　價／180元